PAIDEIA
ÉDUCATION

VICTOR HUGO

Notre-Dame de Paris

Analyse littéraire

© Paideia éducation.

22 rue Gabrielle Josserand - 93500 Pantin.

ISBN 978-2-7593-0377-9

Dépôt légal : Juin 2023

Impression Books on Demand GmbH

In de Tarpen 42

22848 Norderstedt, Allemagne

SOMMAIRE

- Biographie de Victor Hugo.. 9

- Présentation de *Notre-Dame de Paris*....................... 15

- Résumé du roman.. 19

- Les raisons du succès... 39

- Les thèmes principaux... 43

- Étude du mouvement littéraire................................. 55

- Dans la même collection... 61

BIOGRAPHIE DE VICTOR HUGO

Victor Hugo, l'homme-siècle, véritable colosse dans l'histoire de la littérature et pilier du mouvement romantique, naquit en février 1802 à Besançon : « Ce siècle avait deux ans », écrit-il dans un poème des *Feuilles d'automne*. Il est le dernier né d'une famille de trois fils. Son père, Léopold Hugo, est nommé général de brigade sous Napoléon Ier, et la famille voyage beaucoup, en Espagne et en Italie, au rythme de ses exigences militaires. Mais la mère de Victor, Sophie Hugo, née Trébuchet, se sépare de son mari en 1812, en même temps que se durcissent ses opinions royalistes. Les frères vivent alors avec leur mère à Paris. Victor commence à écrire très tôt, de façon spontanée et autodidacte. Il nourrit une ambition sans demi-mesure, affirmant à l'âge de quatorze ans : « Je veux être Chateaubriand ou rien. » Il participe à plusieurs concours littéraires et reçoit des prix, dont le premier est une mention de l'Académie française pour le concours sur « le bonheur que procure l'étude dans toutes les circonstances de la vie », dont il est honoré à l'âge de quinze ans. Le père destine ses fils à l'École Polytechnique, mais Victor choisit la littérature. Ses deux frères et lui créent en 1819 une revue : *Le Conservateur littéraire*, dans lequel apparaît leur ultra royalisme. Victor Hugo noue ses premières relations littéraires avec Chateaubriand et Vigny en 1820, période où il rencontre Adèle Foucher, dont il tombe amoureux. Sa mère, qui refusait son mariage avec Adèle, meurt en 1821. Victor en est profondément marqué, et épouse Adèle en 1822. Son frère Eugène, terriblement jaloux, est atteint d'une crise le soir même des noces, et est par la suite interné définitivement. Hugo publie l'année suivante *Han d'Islande*, roman de jeunesse assez manichéen et marqué par la veine romantique, exposant le face à face entre un héros vertueux et un ennemi monstrueux à la violence excessive. Le livre est assez mal reçu, mais Charles Nodier rédige un article à son sujet qui scelle le début d'une amitié entre les deux écrivains. Hugo fréquente par la suite le cercle des poètes romantiques rassemblés autour de Nodier à la bibliothèque de l'Arsenal. En 1826 il publie *Odes et Ballades*, recueil qui marque le triomphe de la veine médiévale en poésie, et qui contient « À mon père », poème à travers lequel Hugo rend hommage à l'honneur guerrier de Léopold, dont lui, poète, chantera les exploits. Il compare ainsi le pouvoir de l'épée au pouvoir du verbe poétique. Léopold Hugo meurt en 1828.

En 1827, Hugo publie la pièce *Cromwell*, dont la Préface représente la genèse et la définition du drame romantique, qu'Hugo veut libérer des règles classiques de la vraisemblance et des unités, en célébrant le mélange des genres. L'alliance du « grotesque et du sublime » qu'il défend est l'un des fils rouges de son œuvre.

Alors que ses opinions politiques tendent de plus en plus vers le libéralisme, il s'éloigne de Nodier et de Vigny.

L'année 1830 correspond à une date phare : celle de la « bataille d'*Hernani* ». La pièce *Hernani* est accueillie par une opposition entre les romantiques enthousiastes et la fureur des détracteurs qui s'indignent de son style nouveau, conflit que l'on peut qualifier de bataille entre anciens et modernes. *Notre-Dame de Paris* paraît en 1831, et dans sa version définitive, en 1832.

Hugo crée à cette période de nombreuses pièces de théâtre après le succès d'*Hernani* : en 1833 sont jouées *Marie Tudor* et *Lucrèce Borgia*, pièce dans laquelle figure la comédienne Juliette Drouet, qui devient l'amante de Hugo et le demeurera toute sa vie, et *Ruy Blas* est montée en 1838. Trois années plus tard, l'auteur est élu à l'Académie française. En 1843, *Les Burgraves* sonnent le glas de la popularité du théâtre d'Hugo.

L'année 1843 est une année tragique dans la vie personnelle et artistique d'Hugo : après l'échec des *Burgraves*, survient la mort de sa fille Léopoldine, noyée dans la Seine avec son mari suite à un accident de canot. Hugo, qui n'était pas à Paris au moment du drame, l'apprend dans les journaux, et sombre dans le désespoir.

Cette date décisive marque également le début d'une carrière politique dans laquelle il s'investit davantage : il est nommé pair de France en 1845 puis député en 1848. Il participe à la répression de la révolution ouvrière de 1848. Soutenant d'abord la candidature de Louis-Napoléon Bonaparte, il s'oppose ensuite violemment à celui qu'il désignera comme « Napoléon le petit » dans un pamphlet rédigé en 1852 après le coup d'état du 2 décembre 1851. Durant le Second Empire, Hugo vit en exil, où il écrira parmi les plus fameuses de ses œuvres : les recueils de poésie *Les Châtiments*, fustigeant Napoléon III, en 1853, et *Les Contemplations*, véritable autobiographie en vers, emprunte du deuil et du souvenir, en 1856, ainsi que *La Légende des siècles* en 1859. Il écrit aussi son plus célèbre roman, *Les Misérables*, en 1862, et *Les Travailleurs de la mer* en 1866. Lorsqu'il revient en France en 1870, après la défaite française de Sedan et le démantèlement de l'Empire, c'est en héros. La République qui s'installe en fait l'un de ses plus grands défenseurs, et il est élu sénateur en 1876.

Son état de santé se dégrade à la fin de sa vie et ne lui permet plus d'écrire, mais il jouit d'une grande reconnaissance et d'un succès certain de son vivant, ses œuvres étant publiées en grand nombre jusqu'à sa mort, qui survient en 1885, alors qu'il a atteint l'âge de 83 ans. Il est transféré au Panthéon par la République reconnaissante, et ses funérailles sont suivies par plus d'un million de personnes.

PRÉSENTATION DE NOTRE-DAME DE PARIS

Victor Hugo s'engagea à écrire le roman de *Notre-Dame de Paris* en 1828, et le publia plus de deux ans plus tard, le 16 mars 1831, chez l'éditeur Charles Gosselin. Il s'agit de son quatrième roman, qu'il situe dans la lignée du roman médiéval de Walter Scott. C'est également, aux côtés des *Misérables*, un des plus célèbres romans de Victor Hugo, qui connut de nombreuses adaptations, du temps de l'auteur jusqu'à nos jours. Hugo présente d'emblée son livre comme un roman historique. Le titre original précise en effet *Notre-Dame de Paris, 1482*. La cathédrale, comme chef-d'œuvre de l'architecture et comme personnage presque vivant, est au centre de l'œuvre. C'est une peinture du Paris de la fin du XVe siècle que le narrateur se plaît à reconstituer avec précision, livrant au lecteur une abondante quantité de détails. Hugo s'adresse à ses contemporains, les prend à témoin, et établit à de nombreuses reprises des comparaisons entre les mœurs de son époque et celles du siècle qu'il décrit. Sa voix est omniprésente, et il n'hésite pas à se montrer critique envers ses personnages, voire cynique lorsqu'il fait état des institutions.

C'est donc une œuvre qui puise sa densité dans son décor historique, pour lequel l'auteur fit de nombreuses recherches. Mais la reconstitution frictionnelle sert également le message politique, jugement que l'on retrouve souvent sous la plume d'Hugo. L'époque de transition à laquelle il situe son histoire et le thème du progrès abordé dans l'œuvre rejoignent des réflexions profondes de l'auteur sur son temps et sur une révolution à venir.

Mais *Notre-Dame de Paris*, c'est aussi l'histoire de ses personnages, malmenés par une destinée qui les dépasse, et au-dessus desquels plane le mot *fatalité*. L'histoire est une tragédie, la longue description d'une chute fatale à laquelle aucun n'échappe, à part peut être Gringoire, qui s'adapte aux changements de son temps. Hugo nous a livré une véritable tragédie romantique, où l'épique côtoie le tragique, le bouffon se joint au grandiose, le grotesque au sublime. Les personnages sont tour à tour ridicules, terribles, beaux et pathétiques. Les moteurs tragiques qui les animent sont essentiellement l'amour, la beauté et le pouvoir. Tragédie de l'amour et de la beauté autour du personnage central, celui d'Esmeralda, jeune bohémienne incarnant la jeunesse, la vie, la pureté et la liberté libérées de toute entrave, la beauté dans toute son authenticité. Autour d'elle gravitent le désir passionnel et destructeur de l'archidiacre Claude Frollo, l'appétit charnel du séducteur Phoebus, et l'amour pur et dévoué de Quasimodo, tandis qu'elle aime le capitaine Phoebus d'un amour candide et infini. Toutes ces forces vont s'entrechoquer et se détruire, et ces êtres en quête d'absolu n'atteindront jamais l'idéal auquel ils aspirent, ils ne feront que se détruire mutuellement. Si l'acteur principal de la fatalité est bien Frollo : il met en marche ces rouages, poignarde Phoebus et livre Esmeralda à la potence, il est pourtant lui-même victime d'une force qui le dépasse, et qui le mène lui aussi à la mort.

Violent et désespéré, le livre peint en définitive la lutte d'une force de vie, celle de la Esmeralda, de Quasimodo, du jeune Jehan, mais aussi la nature de la passion de Frollo, contre l'oppression des lois et des institutions qui l'étouffe : l'austère religion fait de l'archidiacre un démon, la justice corrompue traîne Quasimodo au pilori et Esmeralda à la potence, et le peuple, encore faible et désorienté, ne se révolte que de façon vaine, et finit par causer sa propre perte.

RÉSUMÉ DU ROMAN

Livre Premier

I La grand'salle

6 janvier 1482, c'est le jour de la Fête des Fous, et tous les habitants de Paris se déplacent au Palais de Justice pour assister à un mystère de l'auteur Pierre Gringoire. On assiste à une discussion animée entre des écoliers, dont l'un, espiègle et malicieux, est Jehan Frollo, le jeune frère de l'archidiacre de Notre-Dame.

II Pierre Gringoire

La représentation commence, perturbée entre autres par le mendiant Clopin Trouillefou. Pierre Gringoire est outré de l'inattention générale. On annonce finalement le cardinal de Bourbon.

III Monsieur le Cardinal

Le cardinal entre et rejoint sa place, sous les regards curieux de la foule.

IV Maître Jacques Coppenole

On introduit Jacques Coppenole. Le peuple s'amuse, le mystère reprend, puis Coppenole avoue être lassé de la pièce et propose d'élire le pape des fous à la place. La foule l'acclame, ce qui sonne le glas du mystère.

V Quasimodo

La foule installe l'autel où défileront les grimaces les plus réussies. Le cardinal s'éclipse et Gringoire tente vainement de faire reprendre la pièce à ses comédiens, au milieu de l'orgie et des éclats de rires. Les grimaces se succèdent, jusqu'à ce que le peuple élise son pape : Quasimodo, le sonneur de cloches bossu de Notre-Dame, dont la grimace était sa laideur véritable.

VI La Esmeralda

Les derniers spectateurs restés dans la grand'salle se précipitent vers le parvis de Notre-Dame lorsqu'ils entendent que la Esmeralda vient y danser.

Livre Deuxième

I De Charybde en Scylla

Gringoire erre dans les rues à la tombée de la nuit, refusant de rentrer chez lui après l'échec de son mystère. Hésitant à se jeter dans la Seine, il rejoint finalement la place de Grève.

II La place de Grève

L'auteur fait une description de la place de Grève et de son gibet, et la compare au Paris de son temps (1830).

III Besos para golpes

Gringoire atteint la place de Grève et découvre au milieu de la foule Esmeralda qui danse. Parmi la foule admirative, il aperçoit la figure austère et tourmentée de Frollo, l'archidiacre de Notre-Dame, qui interrompt à plusieurs reprises les tours que fait la jeune fille avec sa chèvre, l'accusant de sorcellerie. Elle finit par s'enfuir, sous les malédictions de la sachette, mendiante détestant les bohémiens. Arrive ensuite le défilé portant en gloire le pape des fous, Quasimodo. Mais l'archidiacre intervient et l'arrache de son piédestal. Le bossu subit ses remontrances, puis ils se retirent.

IV Les inconvénients de suivre une jolie femme le soir dans les rues

Gringoire décide de suivre Esmeralda, et assiste à son enlèvement par Quasimodo, orchestré par son maître Frollo. Le capitaine Phoebus de Châtaupers intervient et sauve la jeune fille en capturant Quasimodo avec l'aide de ses archers. Frollo s'éclipse. Esmeralda remercie son sauveur et disparaît dans la nuit.

V Suite des inconvénients

Gringoire reprend ses esprits et songe à son ami Frollo l'archidiacre, et se demande s'il peut être à l'origine de l'enlèvement d'Esmeralda. Puis il s'enfuit après avoir manqué de brûler sous une paillasse.

VI La cruche cassée

En courant dans les rues, Gringoire fait la rencontre malencontreuse de trois bandits, et atteint la Cour des Miracles, repaire des truands de Paris. Le poète est traîné au milieu de toute cette humanité dépravée, jusqu'au « roi », Clopin Trouillefou, qui le condamne à la pendaison. Mais il est sauvé par Esmeralda, qui accepte de l'épouser, seul moyen de lui éviter la potence. Une cruche brisée scelle leur union.

VII Une nuit de noces

Gringoire se retrouve dans une petite chambre avec Esmeralda. Il tente de l'approcher mais elle le repousse, lui faisant comprendre qu'elle ne l'a épousé que pour le sauver. Gringoire renonce et lui demande à manger. Esmeralda se montre peu bavarde, attentive uniquement au nom de Phoebus. Puis elle s'enfuit et laisse Gringoire seul, enfermé dans la pièce.

Livre Troisième

I Notre-Dame

Hugo fait la longue description de la cathédrale telle qu'elle était au XVe siècle, rappelant son aspect hétéroclite et composite, les nombreuses caractéristiques que lui ont apportées ses multiples architectes au cours des siècles.

II Paris à vol d'oiseau

L'aperçu de la vue de Paris du haut des tours de Notre-Dame suit la description de la cathédrale. L'auteur évoque les trois divisions de la ville de l'époque : la Cité, l'Université et la Ville.

Livre Quatrième

I Les bonnes âmes

Ce chapitre revient sur l'enfance de Quasimodo : comment il fut abandonné devant les portes de Notre-Dame et adopté par le jeune prêtre Claude Frollo, alors que tous reculaient devant sa difformité.

II Claude Frollo

Le passé de Frollo est évoqué, ses années d'études assidues et son caractère grave et appliqué, sa soif de connaissances et sa passion pour les sciences. Après être passé par les quatre facultés de l'époque, il perdit ses parents suite à l'épidémie de peste de 1466. En devenant orphelin il prit en charge son jeune frère Jehan, à qui il donna toute son affection. Il se fit prêtre à vingt ans, et recueillit Quasimodo, acte de compassion qu'il destinait à son frère. Le jour de la Quasimodo, où il adopta l'enfant, lui donne son nom.

III Immanis pecoris custos immanior ipse

Quasimodo a grandi et est devenu sonneur de cloches. Son univers entier est restreint à la cathédrale, son domaine, son temple, son foyer. Il fait véritablement corps avec l'édifice, lui donnant presque une âme. Son père adoptif lui apprit à parler mais les cloches le rendirent sourd. Son caractère sauvage et agressif a été forgé par la méchanceté des hommes.

IV Le chien et son maître

Frollo développa avec Quasimodo un moyen de communication connu d'eux seuls, fait de gestes et de signes. Ce dernier aime et respecte plus que personne celui qui l'a recueilli, lui étant dévoué corps et âme.

V Suite de Claude Frollo

Les années rendirent Frollo plus sombre et plus austère. Jehan avait grandi en petit diable effronté, contre tout ce que son frère avait tenté de lui enseigner, et Frollo se réfugia plus que jamais dans les bras de la science. Mais ayant épuisé tous les domaines connus du savoir positif, il se tourna vers les terres inexplorées des sciences occultes, notamment de l'alchimie, déchiffrant les énigmes que les hermétiques dissimulèrent dans le portail de Notre-Dame, fasciné par la tombe et les ruines de la maison de Nicolas Flamel. Frollo acquit naturellement auprès du peuple la réputation de sorcier. Son austérité grandit en même temps que sa défiance envers les femmes, en particulier les bohémiennes, et il semble depuis peu rongé par un feu intérieur dont on ignore l'origine.

VI Impopularité

La réputation de sorcier et de démon qu'acquirent Frollo et Quasimodo leur valent de nombreux quolibets de la populace, sans qu'aucun des deux ne s'en inquiètent.

Livre Cinquième

I Abbas beati Martini

Le médecin du roi et le compère Tourangeau viennent visiter Frollo au cloître de Notre-Dame afin de le questionner sur sa science. L'archidiacre déclare ne plus croire en aucune science, sauf l'alchimie. Tourangeau lui demande de lui enseigner son art, et Frollo apprend à la fin de leur entretien que cet homme était en fait le roi lui-même. Depuis il est en faveur auprès de Louis XI.

II Ceci tuera cela

L'auteur revient sur les mots prononcés par Frollo au chapitre précédent : « ceci tuera cela », « le livre tuera l'édifice ».

Hugo livre sa réflexion sur la transition entre deux arts : l'architecture et la littérature. Ce qui était écrit autrefois dans la pierre des cathédrales est gravé désormais dans le papier, et la pensée qui s'émancipe alors n'est plus seulement durable, mais immortelle.

Livre Sixième

I Coup d'œil impartial sur l'ancienne magistrature

Hugo décrit avec ironie la vie de M. le prévôt de Paris, et on assiste au jugement de Quasimodo, procès absurde dans lequel le juge et l'accusé sont tous deux sourds. Le sonneur de cloches est condamné au pilori.

II Le Trou aux Rats

L'auteur présente le « Trou aux Rats », sorte de cave à la porte murée et à l'unique fenêtre donnant sur la place de Grève, où vient se réfugier un reclus ou une recluse, généralement pour s'exclure du monde afin de prier Dieu jusqu'à la mort.

III Histoire d'une galette au levain de maïs

Une conversation entre trois femmes bourgeoises révèle l'histoire de la sachette, sœur Gudule, actuelle recluse du Trou aux Rats. Elle s'appelait autrefois Paquette Chantefleurie et eut, après une jeunesse dédiée aux plaisirs, une charmante petite fille, Agnès, qu'elle éleva toute seule, mais que des gitans lui enlevèrent alors qu'elle n'avait pas un an. Elle s'est depuis retirée du monde, refusant toute charité et haïssant les bohémiens.

IV Une larme pour une goutte d'eau

Quasimodo est mené au pilori, fouetté, puis exposé aux regards et aux insultes de la foule. Frollo traverse la grève sans le regarder et passe son chemin. Au bout d'une heure et demi, le bossu réclame à boire, et tandis que tout le monde le raille, Esmeralda monte sur le pilori et lui donne de l'eau.

V Fin de l'histoire de la galette

La sachette maudit Esmeralda depuis son trou, puis Quasimodo est libéré et la foule se disperse. La galette que les bourgeoises destinaient à la sachette, et que cette dernière refusa, fut mangée par leur gros garçon.

Livre Septième

I Du danger de confier son secret à une chèvre

Phoebus se trouve chez madame Aloïse, car il doit épouser prochainement sa fille Fleur-de-Lys, bien que la perspective du mariage ne l'enchante guère. Les jeunes filles présentes vont voir au balcon le spectacle de l'Esmeralda qui danse. À la demande de Fleur-de-Lys, Phoebus interpelle Esmeralda et l'invite à monter. Mal accueillie par les bourgeoises jalouses de sa beauté, elle n'en est pas moins défendue et ouvertement courtisée par Phoebus. Mais les demoiselles découvrent l'amour qu'Esmeralda porte au capitaine en voyant sa chèvre former le mot Phoebus. Fleur-de-Lys s'évanouit.

II Qu'un prêtre et un philosophe sont deux

Frollo, qui contemplait la bohémienne du haut des tours

de Notre-Dame, quitte son poste d'observation et se retrouve face à Pierre Gringoire, qui lui conte sa mésaventure à la Cour des Miracles et son mariage avec Esmeralda, ce qui attise la jalousie du prêtre. Mais le poète le rassure en jurant n'avoir jamais touché la jeune fille, et que celle-ci souhaite rester vierge. Frollo apprend également par Gringoire le nom de Phoebus.

III Les cloches

L'intérêt que porte Quasimodo à Esmeralda, la regardant d'un air rêveur dès qu'il en a l'occasion, le détourne de ses cloches.

IV ANANKE

Jehan Frollo vient réclamer de l'argent à son frère. Il pénètre dans la cellule de l'archidiacre sans se faire remarquer, et se trouve être témoin du profond désespoir qui agite le prêtre lorsqu'il le voit graver dans la pierre le mot « anankè » (fatalité). Il signale ensuite sa présence et fait sa demande d'argent, mais ne reçoit qu'un sermon. Quelqu'un frappe à la porte et Frollo cache son jeune frère sous son bureau.

V Les deux hommes vêtus de noir

Le visiteur est Maître Jacques Charmolue, disciple de Frollo en matière d'alchimie. Il s'entretient avec lui des condamnations pour sorcellerie, jusqu'à ce que l'attention de Frollo se fixe sur une toile d'araignée et sur la mouche qui va bientôt y être piégée. Le prêtre se lance alors dans un long monologue sur la fatalité.

VI Effet que peuvent produire sept jurons en plein air

Jehan redescend de la cathédrale et rejoint Phoebus qu'il entend jurer. Frollo décide de les suivre alors qu'ils se dirigent vers une taverne, et apprend avec effroi que Phoebus a rendez-vous avec Esmeralda le soir même.

VII Le Moine-bourru

Après avoir bien bu, Jehan tombe ivre mort dans le caniveau et Phoebus se rend à son rendez-vous, suivi par Frollo, enveloppé dans un long manteau noir. Le prêtre l'aborde en lui demandant s'il a bien rendez-vous avec la Esmeralda. Phoebus l'affirme, mais son interlocuteur ne le croit pas. En échange de l'argent que lui donne Frollo pour payer sa chambre, Phoebus accepte de le cacher quelque part dans la chambre pour qu'il soit témoin qu'il ne ment pas.

VIII Utilité des fenêtres qui donnent sur la rivière

Frollo, tapi dans le réduit attenant à la chambre, est témoin de la scène d'amour entre Phoebus et Esmeralda. La jeune fille hésite devant Phoebus, mais l'amour qu'elle a pour lui est finalement plus fort que sa promesse de chasteté, et au moment où le capitaine parvient enfin à apprivoiser la bohémienne, Frollo sort de l'ombre et le frappe d'un coup mortel. Esmeralda s'évanouit, le prêtre disparaît, et on accuse Esmeralda d'avoir poignardé Phoebus.

Livre Huitième

I L'écu changé en feuille sèche

Gringoire s'inquiète de la disparition d'Esmeralda et arrive par hasard devant le palais de justice dans lequel se tient son procès. On parle de sorcellerie, d'une complicité entre la Esmeralda et le moine-bourru, démon de l'enfer, et on accuse aussi la chèvre. Esmeralda ne veut savoir qu'une chose : si Phoebus est en vie. Devant sa persistance à nier, elle est conduite à la torture.

II Suite de l'écu changé en feuille sèche

Esmeralda subit la torture du brodequin et avoue immédiatement ce que les juges veulent entendre.

III Fin de l'écu changé en feuille sèche

Esmeralda est condamnée au gibet.

IV Lasciate ogni speranza

La bohémienne est enfermée dans un des cachots du palais de justice. Elle reçoit la visite de Frollo, qui lui affirme qu'il peut la sauver. Mais elle le reconnaît et prend peur. À la grande surprise de la jeune fille, il lui avoue qu'il l'aime, lui confiant dans un long monologue la passion qu'il nourrit pour elle, et la supplie d'avoir pitié de lui. Mais Esmeralda ne voit en lui que l'assassin de Phoebus, et quand il lui affirme par jalousie que le capitaine doit être mort, elle le repousse définitivement.

V La mère

La sachette se lamente sur le petit soulier rose qu'elle garde précieusement comme seul vestige de sa fille disparue. Puis elle apprend par Frollo qu'Esmeralda va être pendue et s'en réjouit.

VI Trois cœurs d'homme faits différemment

Phoebus, après s'être rétabli et souhaitant oublier ses mésaventures, retourne chez sa fiancée Fleur-de-Lys et assiste à la montée au gibet d'Esmeralda. Frollo vient recueillir ses dernières confessions et lui demande tout bas si elle veut de lui, ce qu'elle refuse. Une nouvelle évocation du nom de Phoebus le pousse à condamner la jeune fille afin qu'elle n'appartienne à personne. Avant de monter au gibet, Esmeralda voit Phoebus au balcon mais l'appelle en vain. Elle est ensuite sauvée par Quasimodo qui l'emmène dans Notre-Dame, où elle a droit d'asile, sous les acclamations de la foule.

Livre Neuvième

I Fièvre

Frollo a fui la scène funeste, n'a pas vu l'enlèvement de la jeune fille par Quasimodo. Il fuit à travers la campagne jusqu'au soir en remuant ses pensées désespérées, en proie à un véritable délire. Le monde autour de lui se transforme peu à peu en une vision de l'enfer. Lorsqu'il rejoint enfin Notre-Dame, c'est pour apercevoir en haut des marches la silhouette blanche d'Esmeralda et, saisi d'effroi, il croit voir un fantôme.

II Bossu, borgne, boiteux

Quasimodo a placé Esmeralda dans une petite cellule, et lui apporte des vêtements, à manger et un matelas pour dormir. La bohémienne est à la fois effrayée et touchée par les attentions du bossu.

III Sourd

Esmeralda témoigne à Quasimodo sa reconnaissance, et se prend de compassion pour lui. Honteux, il ne reste pas longtemps près d'elle, mais lui laisse un sifflet pour qu'elle puisse l'appeler en cas de besoin.

IV Grès et Cristal

Quasimodo veille sur Esmeralda, bien qu'elle ait toujours du mal à supporter sa présence. Un jour, elle appelle sans succès Phoebus qu'elle aperçoit sur la place. Quasimodo lui propose d'aller chercher le capitaine, mais revient bredouille après avoir attendu jusqu'au soir. Phoebus ne veut plus entendre parler de l'Esmeralda. Cette dernière en veut au bossu de n'avoir pas ramené Phoebus, alors il ne se montre plus, continuant pourtant à veiller sur elle sans relâche.

V La clef de la Porte-Rouge

Ayant appris qu'Esmeralda est toujours vivante, Frollo s'enferme dans sa cellule près des tours, de nouveau en proie à une torture mentale insoutenable. Il observe souvent Quasimodo et la bohémienne et en vient, non sans colère et amertume, à jalouser le bossu. Torturé par son désir charnel pour la jeune fille, il décide une nuit de se rendre près d'elle.

VI Suite de la clef de la Porte-Rouge

Le prêtre se glisse près de la jeune fille et tente de lui faire violence, mais elle utilise le sifflet et Quasimodo vole à son secours. Le bossu aurait sans doute tué son maître s'il ne l'avait pas reconnu à la lumière de la lune. Le prêtre reprend son pouvoir sur le sonneur de cloche, mais finit par s'enfuir. Il jure, une fois rentré dans sa cellule, qu'il ne laissera personne avoir Esmeralda.

Livre Dixième

I Gringoire a plusieurs bonnes idées de suite rue des Bernardins

Gringoire, qui ne se souciait plus du sort d'Esmeralda, rencontre Frollo près de Notre-Dame. Le prêtre l'amène à prendre part à une combine visant à délivrer la bohémienne de Notre-Dame. Il affirme en effet que le parlement viendra l'y prendre, ne tenant plus compte du droit d'asile au bout de trois jours. Gringoire propose une solution à Frollo, qui mettrait à contribution les bandits de la Cour des Miracles.

II Faites-vous truand

Jehan revient quémander de l'argent à son frère, qu'il obtient finalement, après avoir annoncé à l'archidiacre qu'il allait se faire truand, ce à quoi ce dernier répond froidement : « faites-vous truand ».

III Vive la joie !

La Cour des Miracles s'arme pour aller assiéger Notre-

Dame. Jehan se joint gaiement à la foule, se proclamant truand. À minuit l'attroupement se met en marche.

IV Un maladroit ami

Les bandits arrivent devant Notre-Dame et la prennent d'assaut. Quasimodo, ne pouvant entendre les mots de Clopin, ne comprend pas qu'ils viennent délivrer la bohémienne, et les repousse violemment en leur jetant gravats, poutres et plomb fondu. La foule n'arrive pas à forcer la porte. Jehan ramène alors une échelle et y monte pour s'infiltrer dans l'église. Mais il se confronte à Quasimodo qui le fracasse contre la pierre de la cathédrale avant de jeter son corps sur le parvis.

V Le retrait où dit ses heures Monsieur Louis de France

Louis XI, qui se trouve à Paris, s'entretient avec ses seigneurs. On vient lui annoncer l'émeute qui a lieu devant Notre-Dame, et deux truands lui sont amenés, dont l'un se trouve être Gringoire, qui échappe une nouvelle fois à la pendaison en suppliant le roi. Ce dernier ordonne ensuite qu'on arrête le peuple, puis que l'on pende la sorcière de Notre-Dame.

VI Petite flambe en baguenaud

Gringoire retrouve Frollo qui l'entraîne vers Notre-Dame. Son plan est prêt pour faire sortir Esmeralda par le cloître et l'emmener par la Seine loin de la cathédrale.

VII Châteaupers à la rescousse !

La cavalerie menée par Phoebus sur ordre du roi fond sur les truands. C'est un massacre. Clopin est abattu, et sur le parvis s'entassent les morts. Quasimodo, heureux que les assaillants soient anéantis, vient trouver Esmeralda, mais sa cellule est vide.

Livre Onzième

I Le petit soulier

Frollo et Gringoire délivrent Esmeralda, mais Gringoire s'enfuit avec la chèvre, et Esmeralda se retrouve seule avec Frollo. Il la mène en silence jusqu'à la place de Grève et lui propose un dernier choix. À son grand désespoir, il voit la jeune fille préférer la mort. Après s'être à nouveau longuement épanché auprès de la bohémienne de son amour et de ses tourments, devant le mépris qu'elle lui témoigne, il perd la raison et la condamne définitivement, la livrant à la sachette. La vieille femme se réjouit de sa mort prochaine, mais en découvrant le petit soulier qu'elle porte autour du cou, reconnaît sa fille. Elle fait alors tout pour la protéger des sergents, mais en vain, et Esmeralda est conduite à la potence. La sachette meurt en essayant de la défendre.

II La creatura bella bianco vestita (Dante)

Quasimodo cherche désespérément Esmeralda dans la cathédrale, sans succès. Il croise ensuite Frollo sur les tours, absorbé par un spectacle lointain. Il est ensuite témoin de ce que qu'observe le prêtre avec délectation : la pendaison d'Esmeralda. Alors il voit le rire démoniaque de l'archidiacre, et comprend. Il le précipite du haut des tours. Frollo se raccroche à la gouttière, avant de tomber sur un toit et de finir sa longue chute brisé sur le pavé.

III Mariage de Phoebus

On raconte que Quasimodo le démon avait emporté l'âme du sorcier Claude Frollo. Gringoire survécut avec la chèvre, et Phoebus se maria. Le roi Louis XI mourut l'année suivante.

IV Mariage de Quasimodo

Après la mort d'Esmeralda, Quasimodo rejoint sa dépouille dans la cave de Montfaucon et s'allonge à côté d'elle pour y mourir.

LES RAISONS
DU SUCCÈS

L'année 1831, date de la publication du roman, correspond à l'âge florissant de la période romantique. Si la publication des *Méditations poétiques* de Lamartine en 1820 signait l'acte de naissance de la poésie romantique, c'est également à ce moment de l'histoire littéraire que naît le roman moderne. Le projet colossal de *La Comédie humaine* de Balzac donne naissance à ses premières incarnations : *Les Chouans* (1829), *La Peau de chagrin* et *Le Chef-d'œuvre inconnu* (1831), mais aussi *Le Médecin de campagne* et *Eugénie Grandet* (1833). Stendhal publie son premier grand roman en 1830, qui n'est autre que *Le Rouge et le Noir*. Les fresques historiques de Dumas, *Les Trois mousquetaires* et *Le Comte de Monte-Cristo*, verront le jour une dizaine d'années plus tard. C'est l'épanouissement du roman, et *Notre-Dame de Paris* se situe entièrement dans ce dynamisme nouveau. À une période où Victor Hugo est absorbé par le théâtre (c'est le succès et la bataille d'*Hernani*) et par la politique (il se rallie aux idées républicaines), traversant la révolution de juillet 1830, Les Trois Glorieuses qui mirent fin au régime de Charles X et amenèrent l'avènement de Louis-Philippe et de la Monarchie de Juillet, *Notre-Dame de Paris* connaît un temps de gestation assez long sous la plume de l'écrivain, mais les événements qui survinrent à l'époque de sa création ont influencé la portée de son message. Hugo fait du sujet historique un éclairage pour l'avenir, la lecture de la fin d'un monde qu'il associe aux mouvances de son époque. Si l'action de son œuvre se situe en 1482, c'est que cette date correspond au crépuscule du Moyen-Âge, âge d'or aux yeux des romantiques : Louis XI préfigure les monarques absolus qui vont régner dans les siècles suivants, et la fin du XVe siècle est une période de transition entre un pouvoir absolu et le pouvoir du peuple, le premier étouffant le second, et peut ainsi être aisément comparée au temps de Hugo, qui connaît tant d'instabilité et d'hésitation entre la monarchie et une République encore incertaine. Le choix du roman historique est donc à la fois fascination pour le Moyen-Âge, mais aussi désir de faire passer, à travers la peinture d'une époque révolue et mal connue, la conception et les revendications que Hugo exprime à propos de son époque : le ton cynique et ironique qu'adopte la plupart du temps le narrateur du roman dénonce certainement la magistrature du XVe siècle, mais à travers elle, celle de son temps.

Le roman est un succès littéraire immédiat, la veine romantique est à la mode et le Moyen-Âge aussi. Le choix également de la ville de Paris comme lieu central de l'action est un élément récurrent dans les romans de l'époque, on retrouve la capitale chez Balzac, Stendhal, également Flaubert. Bien sûr, le Saint-Office met le roman à l'index le 28 juillet 1834 pour ses propos anticléricaux, son manque de lumière divine et pour le personnage de Frollo, prêtre pervers et corrompu par ses élans passionnels. Plus d'un critique catholique se voit gêné par « les peintures lascives » présentes dans le roman, comme l'exprimait Montalembert. Mais cela n'empêche pas la bonne acceptation du livre, et il est amusant de remarquer que si dans toutes les adaptations de l'œuvre d'Hugo, anciennes ou modernes, de l'opéra au cinéma, le personnage de Frollo est édulcoré dans ses élans ou perd son identité de prêtre pour ne pas choquer les bonnes âmes, ce qui est explicitement écrit dans le roman n'a pas provoqué de grand scandale à l'époque, malgré son caractère audacieux.

LES THÈMES PRINCIPAUX

Victor Hugo plaça lui-même son œuvre sous le signe de la « fatalité ». Dans la préface de 1831, il confie que l'écriture de cette histoire fut motivée par une découverte qu'il fit en visitant Notre-Dame, celle d'un mot gravé dans la pierre : *anankè*, le mot grec pour fatalité. Intrigué, il imagina quelle tragédie put pousser un être à stigmatiser sur le mur de la cathédrale cet appel désespéré. C'est de ce mot que naît la destinée des personnages.

C'est au chapitre 4 du Livre VII, intitulé *Anankè*, que le lecteur est témoin, en même temps que le petit Jehan, de la scène où l'archidiacre grave convulsivement ce mot dans la pierre. La première fatalité, c'est d'abord celle de Frollo, qui le condamne lui-même et qui le pousse à détruire les autres, jusqu'à ceux qu'il aime le plus au monde (son frère et la Esmeralda). C'est lui qui ordonne l'enlèvement d'Esmeralda au chapitre 4 du Livre II, qui mènera Quasimodo à être condamné et humilié en place publique (chapitre 1 et 4 du livre VI). C'est lui qui poignarde Phoebus (chapitre 8 du Livre VII), ce qui condamne en même temps Esmeralda, qui est jugée et torturée lors de son procès (chapitre 2 du Livre VIII), avant d'être condamnée à mort. Il condamne ensuite par trois fois la jeune fille, une première fois lorsqu'il lui rend visite en cachot, et que, refusant de le suivre, elle le repousse (chapitre 4 du livre VI), une seconde fois devant la potence, lorsqu'il lui refait sa proposition de la sauver et qu'elle refuse (chapitre 6 du livre VI), et enfin, définitivement cette fois, lorsqu'il la place devant le même choix lors de leur dernière altercation, mais qu'elle lui préfère toujours la mort (chapitre 1 du livre XI). Il la livre alors à la sachette, ce qui permettra la réunion de la fille et de sa mère, mais également leur déchirante séparation, et la mort de la mère qui tenta jusqu'au bout de protéger sa fille. Frollo est donc un personnage funeste pour l'Esmeralda, ce que le narrateur suggère par de nombreux moyens. Le prêtre est en effet à plusieurs reprises comparé à un prédateur pour la jeune fille : il est associé dans le chapitre 1 du livre VII, lorsqu'il observe l'Esmeralda danser du haut des tours, à « un milan qui vient de découvrir un nid de moineaux », tellement fixe et immobile que l'« on eût dit qu'il n'y avait plus dans Claude Frollo que les yeux de vivants ». (L'image du milan est reprise au chapitre 4 du livre VIII). Le narrateur précise que la jeune fille ne sent pas « le poids du regard redoutable qui tombait à plomb sur sa tête » (chapitre 2 du livre VII). C'est l'attitude du vautour qui s'apprête à fondre sur sa proie. Il est d'ailleurs explicitement associé à un « oiseau de proie » lorsqu'il observe Phoebus et la bohémienne du fond de son réduit (chapitre 8 du livre VII), puis à un « tigre regardant du fond d'une cage quelque chacal qui dévore une gazelle ». La menace qu'il représente est accentuée lorsqu'il cache son identité en se dissimulant sous un manteau noir. Il n'est plus alors qu'une ombre, inconnue et menaçante, et bien que le lecteur sache pertinemment de qui il s'agit, le narrateur aime à le présenter comme l'« ombre », « l'inconnu », voire une « statue » (chapitre 7, Livre VII). Il revêt alors l'identité d'une créature surnaturelle, étant successivement « le moine-bourru », « l'homme noir », « le fantôme », le « démon » auxquels croient les acteurs du procès (chapitre 1 du Livre VIII). L'Esmeralda le voit se dresser devant elle comme un « spectre » dans son cachot. Il devient l'image désincarnée de la menace elle-même, présage de la fatalité. De plus, l'attitude instinctive de la Esmeralda lorsqu'elle se trouve confrontée à lui est une réaction de peur. Elle ignore pourquoi, mais elle sent le danger qui la menace. La première réaction qu'elle a lorsqu'elle entend sa voix est un sentiment de frayeur : « elle tressaillit » (chapitre 3 du livre II). Et même lorsqu'elle ne le reconnaît pas, lorsqu'ils s'enfuient de Notre-Dame, elle le craint : « l'inconnu [lui] inspirait une inquiétude indéfinissable. » (chapitre 1, Livre XI). Frollo est en réalité le moteur principal de l'intrigue, provoquant la fatalité, la subissant lui-même, et allant même jusqu'à la représenter symboliquement.

Une image est présente tout le long de l'œuvre pour évoquer la fatalité, c'est celle de la mouche et de l'araignée, de la toile qui emprisonne la proie. Elle est présente pour la première fois dans le chapitre 5 du livre VII, dans la cellule de l'archidiacre qui s'écrie en la voyant : « c'est la fatalité ! Hélas ! Claude, tu es l'araignée. Claude, tu es la mouche aussi ! [...] tu n'as pas vu cette subtile toile d'araignée tendue par le destin entre la lumière et toi, tu t'y es jeté à corps perdu, misérable fou, et maintenant tu te débats, la tête brisée et les ailes arrachées, entre les antennes de fer de la fatalité ! » À partir de ce moment, la mouche est reprise comme image pour symboliser l'Esmeralda, d'abord lorsqu'elle est menée à la torture : « Si l'archidiacre eût été présent, certes, il se fût souvenu en ce moment de son symbole de l'araignée et de la mouche. » (chapitre 2, Livre VIII), lorsqu'elle est en cachot : « Pauvre mouche qui n'avait pu remuer le moindre de ses moellons ! » (Chapitre 4, Livre VIII), et enfin lors de la mort de la jeune fille, à sa pendaison : « Le prêtre de son côté [...] contemplait ce groupe épouvantable de l'homme et de la jeune fille, de l'araignée et de la mouche. » (Chapitre 2, Livre XI). La mouche, l'Esmeralda, est la principale victime de la fatalité. Mais la toile qui relie les événements qui la mènent à la mort est complexe et cruelle, et habilement tissée par l'auteur, car d'autres éléments que les manigances de Frollo jouent en sa défaveur : le fait d'abord qu'elle aime éperdument Phoebus, non seulement car cet homme ne l'aime pas, mais surtout car c'est son attachement à cet amour qui causera sa perte. Elle ne cesse de repousser Frollo, et donc de provoquer sa colère, par amour pour Phoebus, car elle ne voit dans le prêtre que l'assassin de celui qu'elle aime. Elle s'est livrée « corps et âme » au capitaine, comme elle lui affirme dans la chambre de l'auberge, au chapitre 8 du livre VII, et ne vit plus désormais que pour lui. C'est d'ailleurs son amour qui la perdra, puisque c'est lorsqu'elle s'exclame « Phoebus ! », et qu'elle sort de la cachette de la sachette que les soldats la découvrent et l'emmènent (chapitre 1 du Livre XI). Elle commet par aveuglement et par inconscience une erreur fatale et ruinera les efforts de sa mère pour la protéger en se montrant elle-même à ses agresseurs, alors que le Phoebus en question est parti depuis longtemps. Son amour pour le capitaine lui est donc aussi fatal que la passion qu'entretient Frollo pour elle, et lorsque le prêtre la supplie de ne pas parler de Phoebus (Livre VIII, chapitre 4) : « Ne prononce pas ce nom! Oh ! Misérables que nous sommes, c'est ce nom qui nous a perdus ! », c'est en connaissance de cause, car Phoebus fait bien parti des rouages de la fatalité. N'est-ce pas en le voyant au balcon que Frollo décide de condamner Esmeralda ? (chapitre 6, Livre VIII) Son apparition entraîne la folie de sa jalousie, et mène la jeune fille à sa perte. L'amour est décidément cause de toutes les tragédies.

À la tragédie principale, qui est celle de la Esmeralda (dont on peut dire qu'elle est le personnage central car autour d'elle convergent toutes les motivations), s'ajoutent les tragédies personnelles. Celle de Quasimodo est l'une des plus évidentes, et on peut en l'étudiant en tirer une autre constante de la fatalité : celle du jeu des apparences, qui sont toujours trompeuses. Sa fatalité est d'être laid et difforme, et d'être alors condamné par la bêtise des hommes. Ainsi, le narrateur nous confie à propos du bossu, dans le chapitre 3 du Livre IV : « le second effet de son malheur, c'était de le rendre méchant. Il était méchant en effet, parce qu'il était sauvage ; il était sauvage parce qu'il était laid. » La fatalité de son abandon en tant qu'enfant et de sa difformité rend son âme aussi tordue que son corps. Mais il cache pourtant dans cette âme imparfaite des trésors de dévotion, dont il fait preuve dans les chapitres du Livre IX, lorsqu'il veille sur Esmeralda de façon si désintéressée. Un élément de cette fatalité est donc une disharmonie entre l'apparence et l'être intérieur, le caractère trompeur de l'aspect extérieur. C'est une caractéristique récurrente dans le roman : on l'observe pour Frollo, qui est respectable et impassible en apparence, et pourtant dévoré de passion intérieurement : prêtre à l'extérieur, démon à l'intérieur. Phoebus, quant à lui, arbore l'attitude de l'amour sans le ressentir vraiment, et se joue ainsi d'Esmeralda. Son ascendance noble est aussi cachée par son attitude vulgaire, autre contradiction. La sachette est également trompeuse : en apparence très pieuse, elle est en fait désespérée, et n'a que faire de la religion. Quant aux truands de la Cour des Miracles, ils se déguisent en mendiants pour attirer leurs proies, et jouent ainsi également un double-jeu. Même la chèvre Djali a deux visages, celui d'être une incarnation du diable aux yeux de ses accusateurs, ou une simple chèvre savante. Même la Esmeralda n'est bohémienne qu'en apparence, puisqu'elle est en réalité Agnès, la fille de Paquette. Tous les personnages empruntent différentes identités et différents costumes, ce qui contribue grandement au jeu de la fatalité et de l'incompréhension entre les êtres. Le roi lui-même se fait passer pour un certain « compère Tourangeau ». Gringoire quant à lui joue toujours ce jeu des apparences, afin de sauver sa peau, et prend tout les masques possibles sans aucune contradiction : pauvre, poète, philosophe, truand, puis tragédien. C'est d'ailleurs le seul personnage qui ne subit pas la fatalité. Son absence de consistance réelle lui permet de traverser le siècle sans encombre, là où tous les autres se brisent sous le poids de leurs contradictions.

Mais reprenons la fatalité du drame de Quasimodo : son autre fatalité est sa surdité ; les cloches qu'il aime tant lui ont brisé le tympan. Et c'est ce qui lui fera commettre tant d'erreurs : il attaque les truands à l'assaut de la cathédrale (chapitre 4 du livre X) car il ne comprend pas qu'ils sont venus délivrer Esmeralda, et il aurait livré lui-même la jeune fille à ses bourreaux (chapitre 1, Livre XI). Finalement, il participe malgré lui à la mort de la jeune fille. Le meurtre du prêtre, son père adoptif, à la fin du livre, participe aussi de la fatalité, car il ne s'agit pas d'une haine envers celui qu'il a toujours respecté, mais d'un acte nécessaire contre celui qui a tué Esmeralda. Et en dernier lieu, Quasimodo se lamente sur la mort de la bohémienne et sur celle du prêtre, s'exclamant en observant leurs cadavres : « Oh ! Tout ce que j'ai aimé ! » (chapitre 2, Livre XI)

La tragédie personnelle de Frollo est une véritable déchéance. Après avoir consacré toute sa vie au savoir dans toutes ses incarnations, dédié son existence à son petit frère Jehan, puis recueilli et élevé Quasimodo (voir le Livre IV), il connaît une lassitude et entame un long mouvement symbolique de chute. D'abord déçu par les hommes (son petit frère a résisté à toutes ses tentatives d'éducation et a grandi en petit chenapan), il est déçu par la science (et se consacre à l'alchimie). Il exprime dès le début du livre un profond désenchantement : « La médecine est fille des songes. » écrit-il sur un mur de sa cellule. Puis il est frappé par la beauté d'Esmeralda, qu'il a un jour vue danser sur le parvis. Alors le désir le tourmente, et c'est maintenant sa foi qui connaît un ébranlement total. Le narrateur évoque lui-même clairement que la fatalité de Frollo fût de s'être fait prêtre : « il reconnut, avec le froid coup d'œil d'un médecin qui examine un malade, que cette haine, que cette méchanceté n'étaient que de l'amour vicié ; que l'amour, cette source de toute vertu chez l'homme, tournait en choses horribles dans un cœur de prêtre, et qu'un homme constitué comme lui, en se faisant prêtre, se faisait démon. » (livre IX, chapitre 1) Il perd peu à peu tout contrôle et sombre véritablement dans la folie, se détournant de sa vie droite et vertueuse : cela commence par son étude de l'alchimie qui l'associe en premier lieu à un « sorcier ». C'est symboliquement le premier pas que fait le prêtre en s'écartant du droit chemin. Puis, dirigé par sa passion, ses actes deviennent compulsifs et irréfléchis : il enlève Esmeralda, laisse Quasimodo subir l'humiliation pour un acte dont il est responsable, prend le risque de salir sa réputation en se rendant dans l'auberge de la Falourdel pour espionner Phoebus et Esmeralda (chapitre 8, Livre VII), après avoir laissé son frère ivre sur le bas côté de la route sans lui porter secours. Puis, il va jusqu'à poignarder Phoebus, condamner Esmeralda, et tente même de la violer (chapitre 6, livre IX). Il est également responsable, indirectement, de la mort de son frère adoré, dont il s'est désintéressé et qui a joint l'émeute qu'il a provoquée : « Caïn, qu'as-tu fait de ton frère ? [...] je l'ai recueilli, je l'ai élevé, je l'ai nourri, je l'ai aimé, je l'ai idolâtré, et je l'ai tué ! », s'exclame-t-il enfin. Victime de sa passion pour Esmeralda, il ne conçoit que deux alternatives : l'assouvir ou bien détruire l'objet qui le tourmente. C'est pourquoi ses actes sont tous motivés par cette affirmation funeste de jalousie : « Personne ne l'aura. » (dernière phrase du livre IX) Il finit par éclater d'un rire diabolique, ayant terrassé le mal qui le tourmentait, avant de mourir en même temps qu'Esmeralda, des mains de Quasimodo, pris dans le filet de sa propre toile. La longue agonie qui précède sa mort, ce mouvement de chute interminable, est l'aboutissement de sa propre déchéance.

Phoebus connaît une fatalité à son niveau, celle de son mariage, qui l'ennuie profondément, et qui scelle sa vie de séducteur. Le narrateur conclut ironiquement : « Phoebus de

Châteaupers aussi fit une fin tragique, il se maria. » (Avant-dernier chapitre)

Un autre personnage tragique est bien entendu la sachette, sœur Gudule, Paquette Chantefleurie, la mère d'Esmeralda, ancienne courtisane qui devient finalement la recluse du « Trou aux Rats », renonçant au monde après l'enlèvement de sa fille par les gitans. Si la première partie de sa vie est une existence de joie et de plaisirs, elle connaît un bonheur à nul autre comparable lors de la naissance de sa fille, à laquelle elle se dévoue entièrement. En la perdant, elle sombre dans le désespoir. La fatalité qui lui a enlevé sa fille vient d'une maladresse de sa vanité : elle laissa l'enfant sans surveillance pour aller vanter auprès de ses voisines l'avenir radieux que les voyantes ont annoncé pour l'enfant. (Livre VI, chapitre 3) Puis, quand le destin lui rend son Agnès, qui n'est autre qu'Esmeralda, c'est pour lui enlever aussitôt. L'ironie du sort voulait également que l'Egyptienne qu'elle déteste tant soit en réalité celle qu'elle chérit le plus au monde. Le jeu des apparences présente la sachette comme une religieuse, presque comme une sainte, alors que les raisons de sa dévotion ne sont point spirituelles, mais exclusivement terrestres : elle n'adore pas un dieu, elle adore sa fille, et la comparaison à une sainte est dans le texte toujours ironique et contradictoire. « Je vous maudirai, Seigneur, si vous gardez mon enfant ! » s'écrie-t-elle dans le chapitre 5 du Livre VIII. Ce blasphème qu'elle lance contre Dieu symbolise la violence vécue et par extension la haine qu'elle éprouve pour autrui, et la sachette fait preuve du même masochisme que Frollo quand il s'agit s'exprimer sa douleur : la pénitence dans laquelle elle vit reflète sa culpabilité, de même que le prêtre se lacère le corps d'un poignard en assistant à la torture d'Esmeralda (chapitre 4, Livre VIII).

Tous les personnages, mis à part Gringoire, subissent le

coup de la fatalité, de l'*ananké* que l'auteur annonçait dès sa préface. Il s'agit en effet d'un thème cher à Victor Hugo. On peut conclure en rappelant les mots de l'auteur, qui écrivit plusieurs années après, dans la préface son dernier roman *Les Travailleurs de la mer* : « Un triple *ananké* pèse sur nous, l'*ananké* des dogmes, l'*ananké* des lois, l'*ananké* des choses. Dans *Notre-Dame de Paris*, l'auteur a dénoncé le premier ; dans *Les Misérables*, il a signalé le second ; dans ce livre, il indique le troisième. À ces trois fatalités qui enveloppent l'homme se mêle la fatalité intérieure, l'*ananké* suprême, le cœur humain. »

ÉTUDE DU MOUVEMENT LITTÉRAIRE

On attribue la date du début du romantisme en France à 1820, date de publication des *Méditations poétiques* de Lamartine. Cependant, la sensibilité romantique naît avec ceux que l'on appelle les précurseurs : Rousseau (*La Nouvelle Héloïse, Les Rêveries du promeneur solitaire*) pour la fin du XVIIIe siècle, Chateaubriand et Mme de Staël pour le début du XIXe, sont appelés « préromantiques ». La sensibilité romantique prend le contrepoint de la littérature classique, et revendique une plus grande attention portée sur le « moi », les sentiments personnels et l'individualité de l'être, du sujet poétique. La période Classique en littérature correspondait au triomphe de la Raison, au respect de règles strictes, notamment dans le théâtre avec la règle des trois unités. La bienséance se devait d'être respectée par les auteurs. Au XVIIIe siècle, des dramaturges comme Diderot et Beaumarchais s'éloignaient déjà des contraintes du Classicisme en créant le genre du « drame bourgeois », qui revendiquait une plus grande liberté, s'écartant de la vraisemblance et contestant déjà les règles d'unité. Mais les romantiques vont encore plus loin dans leur conception du théâtre, car le drame bourgeois ne pratiquait pas ouvertement le mélange des genres, même s'il empruntait certains ressorts aux deux tonalités, et les personnages présentés incarnaient non pas des individus mais l'ensemble d'un groupe social. Les romantiques privilégient au contraire la particularité du sujet. Toute la production littéraire romantique est d'ailleurs l'expression d'un sentiment de solitude tout nouveau.

Le Mal du siècle qui est celui de l'époque romantique correspond à un sentiment d'isolement face au monde. La période classique, sous la monarchie, prônait l'harmonie d'un tout, d'un monde où chacun avait sa place et où le poète était un instrument de l'ordre et de l'équilibre. L'Antiquité était un modèle que l'on appliquait, que l'on renouvelait, qu'on adaptait aux exigences du siècle. La solitude romantique est quant à elle intimement liée aux bouleversements de son époque : la Révolution est vécue comme un chaos, et les changements politiques difficiles qui s'installent laissent dans les esprits un sentiment de doute et d'incertitude. L'empire Napoléonien a d'abord excité les passions et les espoirs d'une unification nouvelle, puis l'hésitation des gouvernements entre république incertaine et restes de monarchie dépassée donnent l'impression que le monde se dégrade, a perdu son éclat d'antan. C'est aussi la période où le poète commence à s'interroger sur la poésie, et sur sa fonction de poète. Pourquoi écrire ? La question ne se posait pas comme telle aux siècles précédents. Les poètes étaient en quelque sorte au service de l'Etat, du royaume. La poésie n'était pas celle de la contestation. Avec les romantiques elle devient un questionnement : le poète en tant que sujet poétique est abordé, le moi de l'auteur se confond avec la voix du Poète en général, du créateur. L'inspiration poétique part désormais directement de l'intériorité de l'individu : il s'agit de son rapport personnel avec le monde, et ce rapport est souvent celui de la désillusion : la jeune génération se sent privée d'avenir, dans une société gouvernée par le pouvoir de l'argent et la montée progressive de la bourgeoisie, dans laquelle l'inspiration créatrice n'est plus encouragée. D'où la mélancolie profonde de la tonalité romantique, qui cherche du réconfort au sein de la Nature, ainsi que des nouvelles valeurs dans l'Amour. Cette mélancolie est due à la fois à une crise d'identité et à l'ennui profond ressenti le plus souvent dans les milieux les plus riches, dont la jeunesse se lance, désabusée, dans les excès du libertinage. La critique de la société devient inhérente aux œuvres du temps, en particulier la critique de la religion, qui se durcit pour tenter de sauvegarder les restes d'un régime en déclin.

Le XIXe siècle est un siècle de transition politique, et donc d'instabilité et de confusion, où l'écrivain romantique prend toujours une position critique, qu'elle soit passéiste ou révolutionnaire : les premiers romantiques comme Chateaubriand étaient en effet nobles, catholiques, regrettant le monde disparu avec la Révolution. Ils se dressaient ainsi contre la médiocrité moderne. Quant à la génération suivante, celle d'Hugo et des romanciers comme Balzac et Stendhal, elle se tourne vers l'avenir et vers une esthétique nouvelle.

Le romantique est sans cesse tiraillé entre deux contradictions : l'attirance vers la déchéance, la dépravation, voire la folie, et la poursuite incessante d'un idéal de beauté et d'infini. Ce désenchantement perpétuel est exprimé par un lyrisme exacerbé, propre à la poésie romantique, qui évoque souvent la nostalgie d'une époque disparue, et fait la description d'une nature qui s'accorde parfaitement avec l'émotion de l'individu : l'orage, la mer déchaînée devient métaphore de la passion qui ravage le poète. Afin d'échapper au mal qui les ronge et à l'ennui de leur prison, les romantiques chantent souvent les voyages, les paradis lointains, voire les époques reculées : le roman historique connaît un franc succès, peignant souvent le Moyen-Âge comme un âge d'or (Victor Hugo) où la Renaissance Italienne (Musset et Stendhal). Le rêve est également le domaine de prédilection de l'évasion.

Mais le romantisme s'essouffle au milieu du siècle : l'échec de la pièce *Les Burgraves* d'Hugo marque un tournant décisif en 1843 : l'opinion publique retourne vers la tradition classique, lassée de l'épanchement romantique, et d'autres mouvements plus attractifs car moins torturés prendront la relève, comme le Parnasse. Le romantisme disparaît en tant que tel mais demeure une influence essentielle pour la génération de fin de siècle (Rimbaud, Baudelaire) et même pour les poètes du début du XXe (Lautréamont, Breton). Ce qu'on a reproché au romantisme et qui a causé son extinction, c'est la tendance qu'avaient les poètes à l'épanchement, au mélodrame et à l'excès de sensibilité, à la lamentation interminable, qui finissent par ennuyer le lecteur, voire à frôler le ridicule. Mais le fondement du romantisme survit encore de nos jours, car ses thèmes sont essentiels et correspondent à un changement profond dans l'histoire des mentalités. L'importance de la sensibilité est conservée chez les poètes, ainsi que le pouvoir de l'imagination, l'attirance pour l'ailleurs, et la recherche de la beauté dans des objets insoupçonnés. L'esprit romantique survit chez les poètes, mais s'accompagne d'un désir de perfection du style qui vient aiguiller et limiter les excès de la sensibilité, et évite la complaisance dans le sentiment.

DANS LA MÊME COLLECTION
(par ordre alphabétique)

- **Anonyme**, *La Farce de Maître Pathelin*
- **Anouilh**, *Antigone*
- **Aragon**, *Aurélien*
- **Aragon**, *Le Paysan de Paris*
- **Austen**, *Raison et Sentiments*
- **Balzac**, *Illusions perdues*
- **Balzac**, *La Cousine Bette*
- **Balzac**, *La Femme de trente ans*
- **Balzac**, *Le Colonel Chabert*
- **Balzac**, *Le Lys dans la vallée*
- **Barbey d'Aurevilly**, *L'Ensorcelée*
- **Barbey d'Aurevilly**, *Les Diaboliques*
- **Bataille**, *Ma mère*
- **Baudelaire**, *Les Fleurs du Mal*
- **Baudelaire**, *Petits poèmes en prose*
- **Beaumarchais**, *Le Barbier de Séville*
- **Beaumarchais**, *Le Mariage de Figaro*
- **Beauvoir**, *Mémoires d'une jeune fille rangée*
- **Beckett**, *En attendant Godot*
- **Beckett**, *Fin de partie*
- **Brecht**, *La Noce*
- **Brecht**, *La Résistible ascension d'Arturo Ui*
- **Brecht**, *Mère Courage et ses enfants*
- **Breton**, *Nadja*
- **Brontë**, *Jane Eyre*
- **Camus**, *L'Étranger*
- **Carroll**, *Alice au pays des merveilles*
- **Céline**, *Mort à crédit*

- **Céline**, *Voyage au bout de la nuit*
- **Chateaubriand**, *Atala*
- **Chateaubriand**, *René*
- **Chrétien de Troyes**, *Perceval*
- **Cocteau**, *La Machine infernale*
- **Cocteau**, *Les Enfants terribles*
- **Colette**, *Le Blé en herbe*
- **Corneille**, *Le Cid*
- **Crébillon fils**, *Les Égarements du cœur et de l'esprit*
- **Defoe**, *Robinson Crusoé*
- **Dickens**, *Oliver Twist*
- **Du Bellay**, *Les Regrets*
- **Dumas**, *Henri III et sa cour*
- **Duras**, *L'Amant*
- **Duras**, *La Pluie d'été*
- **Duras**, *Un barrage contre le Pacifique*
- **Flaubert**, *Bouvard et Pécuchet*
- **Flaubert**, *L'Éducation sentimentale*
- **Flaubert**, *Madame Bovary*
- **Flaubert**, *Salammbô*
- **Gary**, *La Vie devant soi*
- **Giraudoux**, *Électre*
- **Giraudoux**, *La Guerre de Troie n'aura pas lieu*
- **Gogol**, *Le Mariage*
- **Homère**, *L'Odyssée*
- **Hugo**, *Hernani*
- **Hugo**, *Les Châtiments*
- **Hugo**, *Les Contemplations*
- **Hugo**, *Les Misérables*
- **Hugo**, *Ruy Blas*
- **Huxley**, *Le Meilleur des mondes*
- **Jaccottet**, *À la lumière d'hiver*
- **James**, *Une vie à Londres*

- **Jarry**, *Ubu roi*
- **Kafka**, *La Métamorphose*
- **Kerouac**, *Sur la route*
- **Kessel**, *Le Lion*
- **La Fayette**, *La Princesse de Clèves*
- **Le Clézio**, *Mondo et autres histoires*
- **Levi**, *Si c'est un homme*
- **London**, *Croc-Blanc*
- **London**, *L'Appel de la forêt*
- **Maupassant**, *Boule de suif*
- **Maupassant**, *Le Horla*
- **Maupassant**, *Une vie*
- **Molière**, *Amphitryon*
- **Molière**, *Dom Juan*
- **Molière**, *L'Avare*
- **Molière**, *Le Malade imaginaire*
- **Molière**, *Le Tartuffe*
- **Molière**, *Les Fourberies de Scapin*
- **Musset**, *Les Caprices de Marianne*
- **Musset**, *Lorenzaccio*
- **Musset**, *On ne badine pas avec l'amour*
- **Perec**, *La Disparition*
- **Perec**, *Les Choses*
- **Perrault**, *Contes*
- **Prévert**, *Paroles*
- **Prévost**, *Manon Lescaut*
- **Proust**, *À l'ombre des jeunes filles en fleurs*
- **Proust**, *Albertine disparue*
- **Proust**, *Du côté de chez Swann*
- **Proust**, *Le Côté de Guermantes*
- **Proust**, *Le Temps retrouvé*
- **Proust**, *Sodome et Gomorrhe*
- **Proust**, *Un amour de Swann*

- **Queneau**, *Exercices de style*
- **Quignard**, *Tous les matins du monde*
- **Rabelais**, *Gargantua*
- **Rabelais**, *Pantagruel*
- **Racine**, *Andromaque*
- **Racine**, *Bérénice*
- **Racine**, *Britannicus*
- **Racine**, *Phèdre*
- **Renard**, *Poil de carotte*
- **Rimbaud**, *Une saison en enfer*
- **Sagan**, *Bonjour tristesse*
- **Saint-Exupéry**, *Le Petit Prince*
- **Sarraute**, *Enfance*
- **Sarraute**, *Tropismes*
- **Sartre**, *Huis clos*
- **Sartre**, *La Nausée*
- **Senghor**, *La Belle histoire de Leuk-le-lièvre*
- **Shakespeare**, *Roméo et Juliette*
- **Steinbeck**, *Les Raisins de la colère*
- **Stendhal**, *La Chartreuse de Parme*
- **Stendhal**, *Le Rouge et le Noir*
- **Verlaine**, *Romances sans paroles*
- **Verne**, *Une ville flottante*
- **Verne**, *Voyage au centre de la Terre*
- **Vian**, *J'irai cracher sur vos tombes*
- **Vian**, *L'Arrache-cœur*
- **Vian**, *L'Écume des jours*
- **Voltaire**, *Candide*
- **Voltaire**, *Micromégas*
- **Zola**, *Au Bonheur des Dames*
- **Zola**, *Germinal*
- **Zola**, *L'Argent*
- **Zola**, *L'Assommoir*